DOMINGO BUESA CONDE

el monasterio de san juan de la peña

EDITORIAL EVEREST, S. A.
MADRID • LEON • BARCELONA • SEVILLA • GRANADA • VALENCIA
ZARAGOZA • LAS PALMAS DE GRAN CANARIA • LA CORUÑA
PALMA DE MALLORCA • ALICANTE — MEXICO • BUENOS AIRES

Fotografías: *Zubillaga*

Dirección artística: *Emilio Marcos Vallaure*

SEXTA EDICIÓN

Carretera León-La Coruña, km 5 - LEÓN
ISBN: 84-241-4780-4
Depósito legal: LE. 85-1991
Printed in Spain - Impreso en España

EDITORIAL EVERGRÁFICAS, S. A.
Carretera León-La Coruña, km 5
LEÓN (España)

1. *El Pirineo visto desde San Juan de la Peña.*

SITUACION Y EMPLAZAMIENTO

El monasterio de San Juan de la Peña, centro espiritual y símbolo del viejo reino de Aragón, se encuentra en el valle oscense de Atarés escondido dentro de una cueva rocosa de la sierra prepirenaica de San Juan. Declarado el año 1889 Monumento Nacional por sus valores artísticos, fue honrado con el título de Sitio Nacional, el año 1920, por su glorioso pasado.

Se llega a él por la carretera N-240, de Huesca a Pamplona, tomando en Santa María de la Peña la N-330 que nos conduce a Jaca. A la altura de Bernués tomaremos un desvío asfaltado que, partiendo de esta población, tras diez kilometros de camino nos lleva a la espléndida pradera de San Indalecio, rodeada de exuberantes bosques, presidida por el monasterio Nuevo o Alto. Fue edificado en el siglo XVIII y, hoy, parte de sus dependencias se han convertido en una moderna hostelería que, en el verano, acoge a infinidad de visitantes que vienen a gozar la tranquilidad del histórico lugar.

Desde aquí, un camino asfaltado nos conducirá al viejo monasterio que se esconde en una impresionante hendidura rocosa, «pendiente como un rico joyel de su redonda cadena» como lo describía su abad Briz Martínez, el año 1620.

Sin embargo, la sierra de San Juan, tiene

2. *El vecino monasterio, hoy parroquia, de Santa Cruz de la Serós.*

otros muchos alicientes naturales que orlan la belleza de estos dos conjuntos, Alto y Bajo, del cenobio pinatense o monasterio de San Juan de la Peña. A unos cinco minutos de camino del monasterio Nuevo se encuentra el «Balcón del Pirineo» que, asomado sobre un profundo acantilado, nos permite observar desde las cumbres de los Pirineos Navarros al Pico del Aneto (3.404 mts.), el punto más alto de toda la cordillera pirenaica. Una mesa en mármol, de orientación, nos indicará con sus flechas los nombres de los picos y sus alturas. Mas el visitante aún puede asomarse al mirador de San Voto, o al de Santa Teresa desde el que se puede contemplar la ciudad de Jaca, antigua capital del reino

3. *Ciudad de Jaca, capital del Viejo Aragón.*

4. *Casa típica del valle de Atarés.*

desde 1072, tendida a los pies de la Peña Oroel (1.760 mts.), a la que el nobel Ramón y Cajal gustaba llamar «proa del navío aragonés» recordando la legendaria rebelión de las gentes montañesas contra el poder musulmán, acaecida en el siglo VIII, y en este lugar como quiere la legendaria narración.

El paisaje es impresionante y la tranquilidad del lugar sólo se turba por el murmullo de las abundantes fuentes que dan vida a la vegetación y proporcionan abundante agua, fresca y cristalina, para la satisfacción del viajero. Al Norte se dibujan los perfiles de los Pirineos, con su larga teoría de valles y pueblos, mientras al Sur las sierras de Guara, Gratal y Sevil son la frontera natural de las tierras del Alto Aragón frente a la Hoya de Huesca.

5. *El Santo Grial, hoy en la Catedral de Valencia.* *(Foto Pérez Aparisi.)*

Zaragoza, capital de la región, se encuentra a sólo 155 kilómetros y la ciudad de Jaca a 27.

JUAN DE ATARES Y VOTO

El origen del monasterio se emborrona con preciosas leyendas y tradiciones que disimulan la verdad de su nacimiento. Se dice que, en el siglo VIII, hubo en Zaragoza dos jóvenes muy aficionados a la caza, llamados Voto y Félix. Un día, Voto, estaba de caza en estos parajes cuando divisó a un ciervo. El cazador corrió en su persecución hasta llegar al punto en donde la llanura se corta a pico para abrirse en un profundo abismo.

El ciervo, veloz en su huida, se precipitó al vacío seguido por el joven cazador. En tan apurada situación, Voto, pidió auxilio a San Juan y milagrosamente su caballo se posó en tierra suavemente. Cuando contemplaba al despedazado ciervo reparó en una senda que conducía a una pequeña cueva, oculta su entrada por el follaje, a la que se acercó. Era una pequeña ermita en el suelo, en la cual

6. *La cueva y la peña que justifican el toponimo del monasterio de San Juan.*

7. *Exterior de las iglesias y dormitorio monacal.*

8. *Puerta de ingreso al monasterio viejo.*

encontró, Voto, el cuerpo insepulto de un anciano ermitaño, Juan de Atarés, junto a una piedra en la que había una borrosa inscripción. Sintiendo la llamada de Dios, volvió el joven a Zaragoza y convenció a su hermano. Vendieron sus bienes, para ayudar a pobres y rescatar cautivos, y se retiraron a la cueva de San Juan dispuestos a emprender la vida eremítica. La Crónica de San Juan de la Peña nos añade que «muertos aquestos sanctos hombres, vinieron otros dos hombres de buena vida de los cuales el uno era clamado Benedicto, et lo otro Marthelo, los quales siguieron las pisadas de los otros sanctos hombres qui avían servido a Dios en aquesti lugar».

Otra leyenda, recogida por los autores antiguos de este lugar, nos habla de un foco de resistencia al invasor musulmán. Nos relata que, tras la derrota de Rodrigo, se refugiaron en estos parajes doscientos cristianos fugitivos fundando una amurallada ciudad a la que llamaron Pano. Pero, al poco de edificarse la fortaleza, el emir Abd al-Rahman de Córdoba, lleno de ira, envió un poderoso ejército que destruyó la ciudad, matando a todos los hombres y llevándose prisioneros como botín a niños y mujeres.

9. *Dormitorio monástico, llamado también «Sala del Concilio». Siglo XI.*

HISTORIA DEL MONASTERIO

Es cierto que, a raíz de la invasión musulmana, una serie de ermitaños se retiraron a este escondido rincón del Pirineo y crearon un foco de vida eremítica que pervivió hasta el siglo x. El año 920 Galindo Aznárez II, conde de Aragón, conquistó las tierras al Sur del río Aragón llegando hasta la sierra de San Juan de la Peña, en la que fundó un mo-

10. *Cabecera de la iglesia baja, mozárabe del siglo X.*

11. *Arcos de separación de las dos naves de la iglesia baja.*

nasterio. Lo dedicó a los santos Julián y Basilisa y fue levantado en el mismo lugar en que vivieron los antiguos eremitas. De su construcción nos queda la Iglesia mozárabe, o baja, de la primera planta y sabemos que fue nombrado abad del nuevo monasterio el monje Transirico.

Sobre este monasterio creó, el año 1071, Sancho Ramírez, segundo rey de Aragón, el de San Juan de la Peña, que englobó al antiguo de los santos Julián y Basilisa y una serie de edificaciones que se levantaron entonces. El mismo año de la fundación, el 22 de marzo, en la segunda semana de cuaresma, según la crónica pinatense, en sus naves se rezó por última vez el antiguo rito hispano-visigótico o mozárabe, introduciéndose, por primera vez en España, el rezo de los oficios según el rito de la Iglesia romana.

12. *Pinturas murales de un ábside de la iglesia baja. Martirio de San Cosme y San Damián. Siglo XII.*

13. *Conjunto de la iglesia baja.*

14. *Escalera del abad Setzera. Año 1301.*

Sancho Ramírez, que fundó este monasterio para Panteón de los reyes de Aragón, lo dotó con inmensos dominios territoriales y comenzó la construcción de la Iglesia alta, situada encima materialmente de la mozárabe de los santos Julián y Basilisa, que fue bendecida el día 4 de diciembre de 1094 por el obispo Pedro de Jaca ante el rey Pedro I, hijo del fundador, y la totalidad de los nobles y eclesiásticos aragoneses a los que acompañan algunos obispos franceses.

El siglo XII fue, en su segunda mitad, desastroso para el monasterio que, deseoso de aumentar su patrimonio, no acató las decisiones dictadas en el pleito contra St. Sernín de Toulouse, perdiendo tanto la predilección papal como la de los reyes aragoneses que habían trasladado su capital a Huesca.

Amenazado de una total ruina económica fue salvado por la férrea intervención del Papa Adriano VI y del conde Ramón Berenguer IV, príncipe de Aragón, el año 1157.

15. *Horno del monasterio. Siglo XVII.*

Sin embargo, el monasterio pinatense se vio en numerosos pleitos contra los obispados de Huesca, Pamplona y Zaragoza, que fueron mermando su poderoso patrimonio territorial. Con Vidal de Canellas, obispo de Huesca, el abad Iñigo llegó, en 1245, a un acuerdo que permitió al monasterio inagurar otro período de paz y volver a ser uno de los más importantes centros benedictinos de Aragón.

Sin embargo, en el siglo XVI, el monasterio volvió a sufrir merma en su rico patrimonio , con la petición de Felipe II al Papa San Pío V de que separara las diócesis de Huesca-Jaca. En 1571 se realizó la separación erigiendo la sede jaquesa con obispo propio y dotándola con gran parte del patrimonio monástico pinatense. Unos cien años después de esto, el día 24 de febrero de 1675, cuando los monjes estaban entregados al descanso, el centinela, fray Lucas Gallego, les avisó del grave incendio que se estaba provocando en las dependencias monásticas y del que nos

16. *Panteón de nobles. Siglo XII.*

17. *Relieve sepulcral del Panteón de Nobles. El alma del difunto es llevada al cielo por dos ángeles.*

ha quedado noticia en un interesante manuscrito del prior del monasterio y notable historiador fray Domingo de la Ripa acerca de la historia del reino de Sobrarbe. Ardieron el refectorio, la hospedería y el rico archivo del monasterio que guardaba los diplomas de los primeros reyes aragoneses. Tres días duró el incendio y quedó el monasterio en estado muy lamentable, por lo que los monjes comenzaron a edificar el nuevo monasterio en la «planicie de San Indalecio». El mes de septiembre de 1682 se trasladó la comunidad «abandonando el antiguo de la cueva de San Juan».

El año 1809, corriendo el 15 de agosto, los invasores franceses, a las órdenes del general Suchet, llegaron al monasterio que desvalijaron sin atentar contra el viejo conjunto abacial por orden del mismo general francés. No obstante, los días estaban contados y el año 1835, con la desamortización de Mendizábal, se cerró la historia del glorioso cenobio que aún sería visitado por un rey de España, Alfonso XIII, quien deseoso de rendir

18. *Sepulcro de Fortuño Blázquez. Año 1082.*

19. *Cabecera de la iglesia alta, cubierta por la peña.*

20. *Abside y absidiolas de la iglesia alta.* ▶

homenaje a la historia de sus piedras llegó a sus puertas el 5 de septiembre de 1903, en donde fue obsequiado con el anillo del rey Pedro I de Aragón que el rey ofreció al Museo Nacional y hoy se guarda en el Palacio Real de Oriente, como testimonio de la Real Casa de San Juan de la Peña.

21. *Comunicación entre una absidiola y el ábside, consagrado en el año 1094.*

22. *Nave e imafronte de la iglesia alta.*

23. *Panteón Real, construido en 1770 por orden de Carlos III.*

24. *Estuco en el Panteón Real: la batalla de Ainsa, obra de Pascual de Ipas.*

EL SANTO CALIZ DE LA CENA EN SAN JUAN

Una serie de viejos testimonios señalan que el Santo Cáliz, en el que Jesús consagró la víspera de la Pasión, se conservó durante la Edad Media en el monasterio de San Juan de la Peña. El Cáliz, o Santo Grial, como se denominó en la Edad Media, se guardaba en Huesca, lugar al que lo había traído San Lorenzo por regalo del Papa Sixto II, en el siglo III. Cuando llegaron los musulmanes a nuestro país, el obispo de la sede de Huesca se vio obligado a esconderlo en un lugar seguro y se lo llevó, en su huida, a las montañas altoaragonesas. Estuvo depositado en el monasterio de Siresa, en el de Sásabe y en lugares como Yebra y Jaca, hasta que en el siglo XI los obispos de Aragón lo trasladaron a San Juan de la Peña. Con él oficiaron abades y priores de este monasterio en las grandes solemnidades hasta que, por instancias del Papa Luna, salió el Santo Cáliz para ser entregado al rey don Martín el Humano que lo recibió en la Aljafería de Zaragoza, el

26 y **27.** *Panteón Real. Detalles de los enterramientos y de la imagen de San Juan, en el altar.*

25. *Panteón Real. Jura de los reyes de Aragón.*

viernes 26 de septiembre de 1399, depositándolo en la Capilla Real del histórico Palacio, según testifica un acta notarial de Berenguer de Sarta custodiada en la Biblioteca Nacional. Alfonso V el Magnánimo hizo donación del preciado tesoro a la Catedral de Valencia, lugar en el que hoy se venera.

Alrededor del Santo Cáliz, celosamente guardado y venerado durante más de tres siglos en San Juan de la Peña, han surgido innumerables relatos llenos de gestas y leyendas. Wolfram de Eschenbach, en su obra «Parsifal», centró el tema en Amfortes —rey y guardián del Santo Grial—, que tras una vida llena de victorias sufre una terrible derrota a raíz de la cual se retira a su castillo de Grial, donde muere. Algún historiador ha querido ver en este héroe la figura del rey Alfonso I de Aragón, llamado el Batallador por sus victorias y que murió tras la derrota que le infligieron los musulmanes en Fraga. Sin embargo, esto no pasa de ser una mera suposición infundamentada. Ricardo Wagner, en sus óperas, volvió a resucitar las viejas leyendas de «Parsifal» y centró su música y su poesía en un magno relato en torno al Santo Grial, en el cual se perfila toda la gesta de los caballeros medievales.

EL MONASTERIO VIEJO

Una puerta moderna y corriente, cerrando otra más antigua de arco de medio punto, nos da acceso al viejo monasterio, cobijado en la airosa roca que le sirve de techo natural. A continuación se abre un vestíbulo cuadrangular al que afluyen las escaleras que nos conducen a la segunda planta y nos bajan a las dos estancias que componían el primitivo monasterio mozárabe de los santos Julián y Basilia, sobre el que Sancho Ramírez construyó el monasterio de San Juan de la Peña y que estuvo formado por las estancias de la segunda planta.

a) **Sala del Concilio.** Es la primera estancia a la que descendemos y es conocida con este nombre por suponerse que en ella se celebró un falso concilio celebrado en tiempos de Ramiro I (1057). En realidad, no es más que el dormitorio de los monjes que se nos presenta bajo su reconstrucción del siglo XI. Es una sala amplia dividida en cuatro tramos, por arcos de medio punto que apoyan sobre pilares cruciformes. Está cubierta por bóvedas de cañón e iluminada por unas finas aspilleras practicadas en el muro de los pies. De la sala del concilio se pasa a la primitiva construcción del monasterio de los santos Julián y Basilisa,fundado en el año 920, de la que queda la iglesia baja.

b) **La iglesia baja.** Conocida también por mozárabe, es una edificación compuesta de dos naves iguales que terminan en sus co-

PRIMERA PLANTA DEL MONASTERIO VIEJO PERTENECIENTE A LOS SIGLOS X Y XI.

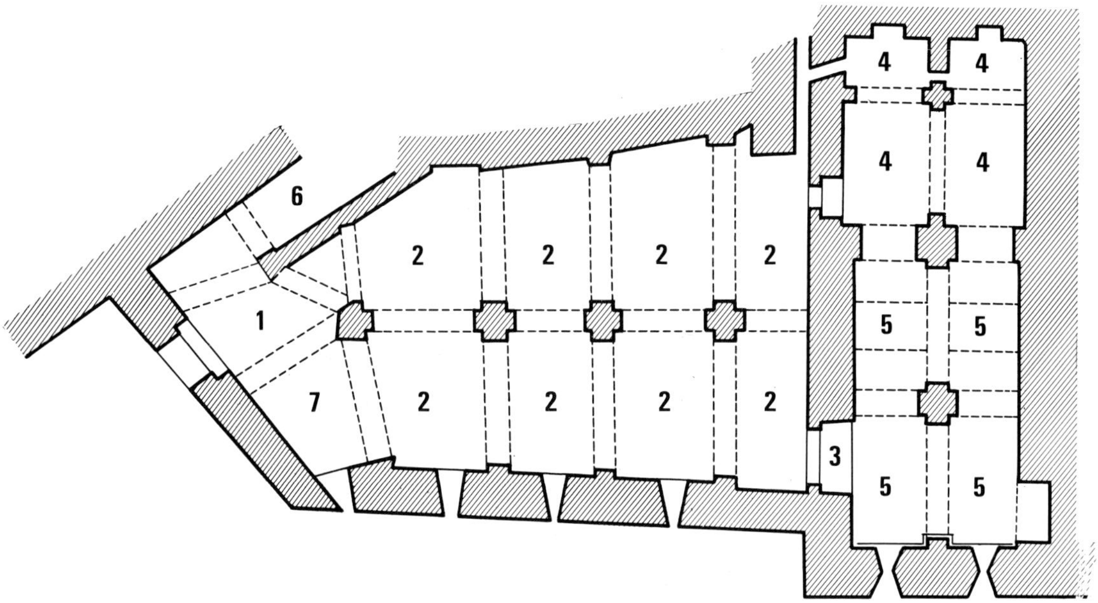

ESCALA 1:300

1.- VESTILO DE ENTRADA

2.- DORMITORIO MONACAL, CONOCIDO COMO "SALA DEL CONCILIO" Y EDIFICADA EN EL SIGLO XI (1071)

3.- PUERTA DE ENTRADA AL CONJUNTO ECLESIAL DEL MONASTERIO MOZARABE DE LOS SANTOS JULIAN Y BASILISA

4.- IGLESIA BAJA DEDICADA A LOS SANTOS JULIAN Y BASILISA. SIGLO X (920).

5.- TRAMO DE LOS PIES DE LA IGLESIA REALIZADO AL AMPLIARLA.

6.- ESCALERA DE ACCESO AL PISO SUPERIOR

7.- ESCALERA DE DESCENSO AL PRIMER PISO, ANTIGUO MONASTERIO MOZARABE DE LOS SANTOS JULIAN Y BASILISA.

rrespondientes ábsides rectangulares, a los que se entra por sendos arcos rebajados de estilo mozárabe altoaragonés. Igualmente separan las naves dos arcos de herradura apeados en una pequeña columna. En las capillas absidiales, que son dos por la doble dedicación del monasterio a San Julián y Santa Basilisa, quedan restos de pinturas al fresco, probablemente del siglo xii, y que en el lado del Evangelio presentan una exaltación de la Santa Cruz y una escena martirial referente a los Santos Cosme y Damián, según Gómez Moreno.

Unas escaleras nos dividen la primitiva iglesia, del siglo x, con la continuación que en su parte Sur fue añadida posteriormente. En el muro de los pies iluminan la Iglesia dos diminutos ventanales, en forma de aspillera, y en el piso se pueden apreciar cinco laudas sepulcrales pertenecientes a los abades Briz Martínez, Pedro de Santa Fe, y José Ferrer, fallecido en 1815, además de las de

28. *Puerta de arco de herradura, del siglo X, con inscripción del siglo XII.*

29. *El claustro a través de la puerta mozárabe.*

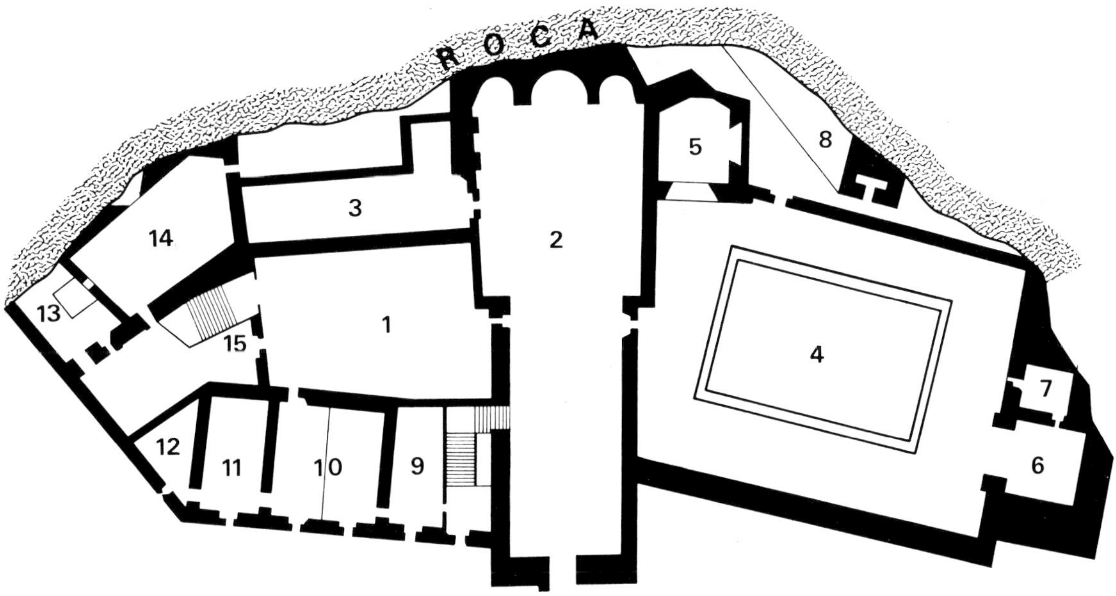

ESCALA 1:400

PLANTA SEGUNDA DEL MONASTERIO DE
SAN JUAN DE LA PEÑA
PERTENECIENTE A LOS SIGLOS XI Y XII

1.- PANTEON DE NOBLES
2.- IGLESIA ALTA, CONSAGRADA EL AÑO 1.094
3.- PANTEON REAL
4.- CLAUSTRO ROMANICO DEL SIGLO XII
5.- CAPILLA DE SAN VICTORIAN
6.- CAPILLA DE LOS SANTOS VOTO Y FELIX
7.- SACRISTIA DE LA CAPILLA ANTERIOR
8.- DEPOSITO DE AGUA
9.- CELDA
10.- CELDAS
11.- COMEDOR
12.- COCINA
13.- HORNO
14.- MASADERIA
15.- ESCALERA DE ACCESO A LA PRIMERA PLANTA

F. Benito Lanuza y Francisco Blasco de Lanuza, fallecido en 1664.

LA SEGUNDA PLANTA DEL MONASTERIO

Para subir a la segunda planta deberemos volver, por la Sala del Concilio, al vestíbulo que nos recibió al entrar en el viejo cenobio. Desde él una ancha escalinata nos permite el acceso a la segunda planta, edificada en tiempos de Sancho Ramírez y sus sucesores, recordándonos en una lápida que «Don Pedro de Setzera, abad de este lugar, mandó construir esta escalera de piedra en 1301. Y tú, fiel quienquiera que seas, que subes y bajas por esta escalera, ruega por él y di devotamente un Padre Nuestro y Ave María con Requiem Eternam».

c) **El Panteón de Nobles.** La escalera nos deja en un atrio de planta cuadrada, sin cubrir, en cuyo muro izquierdo hay dos hileras de sepulcros con arquivoltas, sostenidas por figuritas muy curiosas en el piso superior, y cerradas por impostas ajedrezadas a modo de cenefa de medio punto. La decoración de las lápidas es muy interesante por su símbolismo. Ya destacó el hispanista Kingsley Porter el quinto enterramiento, del orden superior, en el que un notable relieve del siglo XI presenta el alma del difunto, encerrada en un nimbo, sostenida por dos ángeles que la llevan al cielo. En su parte inferior se representa la Adoración de los Reyes Magos. En los restantes nichos podemos ver la cruz de Iñigo Arista y una colección de crismones.

Las inscripciones conservadas nos permiten saber que en este Panteón, el más completo de España, están enterrados ilustres personajes del reino, como Frotuño Blázquez y su esposa doña Jimena, muertos en 1082; Aznar Fortuñones y su esposa doña Endregoto, originaria del valle serrablés de Ahonés; Sancho de Aso y Jimeno, muertos en la conquista de Huesca (1096) y enterrados el año 1123 en este panteón; don Fernando Pérez de Caniás, personaje del siglo XII; Lope Ferrén, con una inscripción versificada de 1301, y Pedro Jiménez de Marcuello, fallecido en 1208.

En las paredes del Panteón de Nobles figuran, además, una serie de lápidas sepulcrales de caballeros y abades de los siglos XIII y XIV, todas ellas en letras góticas, que se completan con las que se hallan en el suelo, a la entrada de la Iglesia, pertenecientes a Lope Garcés y al alférez Fortuño Iñiguez, muertos en 1091 y 1094, respectivamente, personajes pertenecientes al reinado de San-

30. *Noticias necrológicas y lauda sepulcral en el muro del claustro.*

31. *Claustro románico. Dibujo de F. J. Parcerisa, realizado el 5 de octubre de 1844, que figura en la obra de José M.ª Quadrado* «Recuerdos y bellezas de España. Aragón». *Al fondo, la capilla de San Voto.*

cho Ramírez en el que se construyó este panteón.

Se ha supuesto, con poco fundamento, que estuvo enterrada en él la esposa del Cid, doña Jimena, aunque no se ha podido leer la lápida en la que se basó su descanso eterno en este monasterio. El último noble enterrado aquí fue el famoso político don Pedro Abarca de Bolea, conde de Aranda y ministro del rey Carlos IV, que, muerto en Epila el día 9 de enero de 1798, deseó ser enterrado en este panteón como lo hicieron todos sus antepasados y en el que reposó hasta 1855 en que sus restos fueron trasladados al Panteón de Hombres Ilustres en Madrid.

A mano derecha, enfrente de la fila de nichos, se pueden ver todavía restos de la vivienda del abad y algunas dependencias, como celdas, comedor, cocina y hornos.

d) **La Iglesia alta de San Juan.** Edificada por el rey Sancho Ramírez y consagrada el año 1094, siendo rey el hijo de éste: Pedro, se accede a ella por el Panteón de Nobles. Formada por una sola nave, que se va estrechando hacia los pies, está coronada por tres ábsides semicirculares pegados a la roca que sirve de bóveda a la mitad superior de la nave. Tres arcos de triunfo de medio punto, sostenidos por columnas cilíndricas ado-

32. *Vista general del claustro, obra de mediados del siglo XII.*

33. *Piedras, rocas y cielo.*

34. *Capiteles del claustro: Creación de Adán.*

sadas, introducen en los ábsides que se adornan con arquería ciega de toscos capiteles. Adornada en el siglo XVII con yeserías pintadas y retablos barrocos, está totalmente limpia tras su restauración. Se ilumina por dos amplios ventanales, practicados en el muro de los pies de la Iglesia en el siglo XIII. El altar central estuvo dedicado a San Juan, patrono del monasterio, y a San Miguel y San Clemente los laterales. Esta iglesia monástica del siglo XI es también conocida como «iglesia alta» por estar edificada sobre la mozárabe del monasterio de los santos Julián y Basilisa.

e) **El Panteón Real.** Por una puerta, abierta en el lado del evangelio, se pasa de la iglesia a la antigua sacristía convertida en Panteón Real por orden de Carlos III. El día 30 de Junio de 1770 se comenzaron las obras bajo la dirección del escultor Carlos Salas, académico de la Real de San Fernan-

35. *Eva hilando y la yunta de Adán labrando.*

do de Madrid. Sobre la puerta que da a la iglesia dos ángeles mantenían una lápida de marmol negro, en la que se hizo grabar una inscripción que, por desentonar con el conjunto severo del edificio, fue retirada. En el fondo del Panteón, ocupa la cabecera, un altar dedicado al Crucificado custodiado por dos tallas en mármol blanco de Génova que representan a la Virgen y a San Juan Evangelista y son obra del escultor catalán Carlos Salas, que dirigió las obras de este panteón y las de la fábrica del Pilar de Zaragoza. Co-

36. *El sueño de San José.*

rona el altar un majestuoso escudo de Aragón timbrado con la corona real.

A la derecha está el enterramiento real, compuesto por veintisiete sepulcros ocultos por sus correspondientes planchas de bronce dorado que tienen grabadas alusiones a los reales personajes que allí descansan y que están inspiradas en una obra del monje Juan, originario del notable lugar serrablés de Baranguá. Frente a los sepulcros hay cuatro grandes estucos en relieve, labrados por el escultor Pascual Ipás, que representan so-

37. *Puerta de la muralla de Belén.*

38. *Los reyes Magos ante Herodes.* ▶

lemnes momentos de la historia de Aragón. En el inmediato al altar se puede contemplar la batalla de García Jiménez, en Aínsa. La siguiente es la aparición de la cruz a Iñigo Arista en plena batalla. Es la tercera el sitio de la ciudad de Huesca y su conquista por Pedro I (1094), representando la más próxima a la puerta la solemne Jura de los Reyes de Aragón, ante el justicia, prelados y ricoshombres del reino.

Culmina la decoración de este Panteón neoclásico, adornado con jaspes azulados traídos de Canfranc, un medallón de bronce dorado con el retrato de Carlos III, constructor del Panteón, realizado por el platero oscense José Estrada.

f) **El claustro románico.** La pieza más importante del monasterio pinatense es, sin duda alguna, el maravilloso claustro que, construido en el siglo XII, se cobija bajo la misma roca que sirve de bóveda natural y que lo convierte en el único claustro románico del mundo con semejante cubierta.

Al claustro se entra por la puerta que, perteneciente al antiguo monasterio mozárabe de los Santos Julián y Basilisa, se trasladó a su emplazamiento actual en el siglo XII a la par que se grababa en sus dóvelas la inscripción en una preciosa letra mozárabe:

PORTA PER HA(N)C CAELI FIT
P(ER)VIA CUIQ(UE) FIDELI

† SI STUDEAD FIDEI IUNGERE
IUSSA DEI.

y que anuncia al visitante que penetra, del claustro a la Iglesia alta, que: «Esta puerta abre la del cielo a todo fiel que se esfuerce en unir la fe con el cumplimiento de los mandamientos de Dios.»

La puerta pertenece al estilo mozárabe altoaragonés que encuentra su máximo desarrollo en las iglesias del Serrablo, agrupadas alrededor de la capital de la comarca, Sabiñánigo, y que el ilustre historiador Durán Gudiol fecha entre el siglo X y el XI.

En los muros se hallan gran cantidad de Lápidas, correspondientes a necrologios de los siglos XIII y XIV, exceptuando la del obispo Sancho de Huesca que es del siglo XI. Las inscripciones del claustro se refieren preferentemente a monjes del monasterio. Buen ejemplo es la de Juan de Biescas, que en el siglo XII ocupaba el cargo de Sacristá, al que

39. *Caín y Abel.*

40. *La pesca milagrosa*

competía organizar el culto en el monasterio y que señala el sitio de su sepultura.

El claustro de San Juan de la Peña, según Canellas y San Vicente, es «tan extraordinario por su situación como por la disposición de sus arcadas sin cubrir y además por la fuerza expresiva de sus capiteles historiados». Hacia la mitad del siglo XII trabajó intensamente, en Aragón y Navarra, un escultor de soberbia labra que se caracteriza por los ojos, tremendamente acusados, que infunden a sus personajes una expresión tranquila. Es el conocido como «maestro de San Juan de la Peña» por haber trabajado en la labra de los capiteles del claustro, entre los años 1145 y 1175 según René Crozet.

Las arcadas del claustro se levantan sobre un podio hecho con piedra de las canteras del término de Botaya, término en el que se encuentra el monasterio. Encuadra a las arquivoltas una imposta ajedrezada y forma el conjunto un rectángulo de 16 y 10 metros de lado. Los temas de los capiteles se encuadran en cuatro ciclos, según se especifica a continuación:

CICLO DEL GENESIS:

1.º Sobre un fuste, apoyado al primer machón angular que nos encontramos al entrar en el claustro, se halla el primer capitel con una escena de la Creación de nuestros primeros padres.

2.º En el mismo machón angular la serpiente enroscada al árbol lleva a la Tentación a Adán y Eva.

3.º Sobre un fuste circular, Adán después de cometer la falta es expulsado del Paraíso. Eva está hilando mientras Adán trabaja la tierra. En el reverso de este capitel, Caín y Abel, completan el cuadro

41. *Las bodas de Caná.*

de la primera familia, ofreciendo sus presentes de trigo y un cordero al Señor.

CICLO DE LA INFANCIA DE JESUS:

4.º La Anunciación a María, la Visitación, la Natividad y la Anunciación a los Pastores se suceden en las diversas caras de este cuarto capitel.

5.º San José dormido recibe el encargo del ángel y huye a Egipto con la Virgen y el Niño, sobre un asno de encantador realismo.

6.º Sobre dos fustes se halla este capitel, en el que se representa la muerte de los Santos Inocentes. Herodes aparece rodeado de sus consejeros y acompañado por sus soldados. También se esculpió la llegada de los Magos ante Herodes.

42. *Detalle del capitel de las bodas de Caná.*

7.º al 11.º Se representa el *CICLO DEL BAUTISTA* y sólo se pueden ver escenas y personajes sueltos de difícil significado, ya que han sido castigados, los capiteles, por los incendios del monasterio y agentes atmosféricos, a los que están expuestos. No obstante, don Antonio Durán Gudiol piensa que representan el Banquete de Herodes, San Juan Bautista encarcelado, la danza de Salomé y la Decapitación del Bautista.

CICLO DE LA VIDA PUBLICA DE JESUS:

12.º Tras la escena de las Tentaciones de Cristo en el desierto, este capitel, adosado al segundo machón angular que dobla a la galería oeste, sustentado por un fuste doble, nos representa la pesca milagrosa sobre el lago Tiberiades, siendo en extremo curiosas las naves que llevan a los apóstoles.

13.º Sobre dos fustes, adosado al mismo machón angular que el anterior, se nos presenta el milagro de las bodas de Caná.

14.º Sobre un fuste simple se halla el capitel decimocuarto que lleva labrada la escena de Jesús perdonando a la mujer adúltera.

15.º Sobre dos fustes se suceden en este capitel escenas de la Resurrección de Lázaro. Marta y María, angustiadas, contemplan la escena, La otra cara del capitel nos presenta a Jesús comiendo en casa de Simón, mientras la pecadora se posterna a los pies del Señor.

16.º Es uno de los más importantes del claustro pinatense. Apoyado sobre cuatro fustes en él se desarrolla la entrada

43. *La mujer adúltera.*

44. *Detalle del capitel de la Resurrección de Lázaro*

triunfal de Cristo en Jerusalén, el Domingo de Ramos, en una composición llena de movimientos y vida.

17.º Apoyado en dos fustes. Representa la Santa Cena y el Lavatorio de los pies.

18.º Escenas del prendimiento de Jesús así como otras referentes a Anás y Caifás.

19.º El Pantocrátor y los Evangelistas. Es una alegoría muy interesante, situada en el capitel pegado al tercer machón angular, que se desarrolla con elegancia sobre las diversas caras de este capitel apoyado sobre dos fustes.

En los siguientes parecen sucederse escenas de la Aparición del Señor a Tomás y a sus discípulos, así como la Ascensión que pertenecen, como el capitel número noveno, a un segundo escultor de los primeros años del siglo XIII.

La cuarta galería del claustro desapareció en el incendio de 1675, conservándose algunos de sus capiteles, muchos de ellos con temas florales, diseminados por las diversas dependencias del monasterio viejo.

g) **La capilla gótica de San Victorián.** La capilla de San Victorián, panteón abacial, se encuentra en el lado Norte del claustro y está construida en estilo gótico

46. *Domingo de Ramos.*

◀ **45.** *Resurrección de Lázaro.*

47. *Capiteles del siglo XIII.*

flamboyante, según Ricardo del Arco primera manifestación del gótico florido en Aragón, de factura delicada y dibujo armonioso. Sus arquivoltas, lobulada la primera, tienen basamentos ricamente adornados con hojas y se rematan en arco conopial coronado por las barras del reino aragonés y el escudo del abad que la edificó. Flanquean la portada dos esbeltos pináculos y en su parte superior se abren cuatro óculos para dar luz al interior.

En el lado del Evangelio, que es pared con la iglesia, se conservan pequeños restos de pinturas murales y una inscripción que, aunque algo borrosa, todavía se puede leer y que, con letras minúsculas góticas, dice: «Don Juan de Marqués, que fue monje y sacristá del Monasterio de San Victorián, cuando era prior de San Pedro de Tabernas, sujeto a aquel cenobio, fue nombrado abad de este monasterio por don Benedicto XIII, el Papa (Luna), desde Peñíscola el 15 de di-

48. *Caballo conducido del ronzal.*

ciembre de 1412. Mandó edificar esta capilla bajo la advocación de San Victorián, abad, y puesta la primera piedra en los fundamentos por el mismo don Juan, abad, fue comenzada el 22 de julio de 1426 y terminada el 5 de noviembre de 1433.»

La capilla tiene bóveda de crucería, con nervios adornados de báculos, mitras, animales, ángeles y motivos vegetales. Encima del altar hay dos crucifijos esculpidos en piedra, en alto relieve, y en el lado derecho, el de la Epístola, se halla el magnífico arcosolio debajo del cual todavía se puede ver un sencillo sarcófago en el que fue enterrado el abad Marqués a su muerte en el año 1437.

Pero, además de la tumba del abad Marqués, posee los enterramientos de otros cuatro abades, lo cual le da la denominación que posee de «panteón de abades». Están enterrados en ella el primer abad del monasterio de San Juan de la Peña, Aquilino, muerto el año 1075; el abad Sancho, su sucesor, fallecido en 1805; el abad Juan, que murió el año 1273, y el abad Francisco de

49. *Animales fantásticos.*

Roseto, fallecido el día 31 de julio del año de 1394.

h) **Capilla de los Santos Voto y Félix.** Estando un día paseando el abad Briz Martínez por el claustro cayeron dos enormes pedruscos —desprendidos de la roca natural que da techo al claustro— y fueron a estrellarse uno en su hombro y el otro en el suelo del claustro, en lugar cercano a él. Al resultar ileso, maravillado por el suceso, lo consideró como un milagro y para testimonio mandó edificar una capilla dedicada a los primeros ermitaños del monasterio, Santos Juan de Atarés, Voto y Félix, que fue levantada en el ángulo del claustro opuesto a la capilla de San Victorián.

Realizada en estilo neoclásico, desentonando con el románico del claustro, en el centro del coronamiento de su portada se encuentra el escudo y armas del abad constructor en el que se incluyen el cordero y la bandera de San Juan Bautista que son las armas del monasterio que él gobernó.

50. *Aves fantásticas.*

51. *Capilla de San Victorián y fuente del monasterio.*

En su interior hay un retablo pintado y fechado por su autor en una inscripción que corre por el zócalo y que nos da el año 1631 para la construcción y culminación del lienzo que, pintado por el zaragozano Juan Pérez Galván, representa a los santos ermitaños Voto y Félix, entrando a la cueva en la que yace el santo Juan de Atarés. Dice así: «Expensis, devotione D. D. Joannis Briz Martínez huius almi cenobii dignissimi Abbatis. Joannes Pérez Galvan, Luesia oriundus Caesaraugustae. F. (ecit) 1631.»

EL MONASTERIO NUEVO

Con el tiempo la cueva, que albergaba al monasterio pinatense, fue haciéndose incómoda para los monjes, expuestos a constantes desprendimientos de rocas, a la excesiva humedad y a la ausencia de los rayos del Sol que, por la orientación y emplazamiento de este centro escasamente llegaba alguna vez al claustro.

Al poco de acaecer el segundo incendio, en 1675, los monjes comenzaron, con permiso del rey Carlos II, la construcción de un nuevo edificio que, realizado en madera y ladrillo, respondía a las directrices del estilo aragonés de la época. Para su edificación se aplicaron las rentas de la abadía que estuvo vacante, a fin de disponer de sus beneficios, durante cuarenta y dos años.

El Capítulo General de la Congregación benedictina Tarraconense, de cuya orden formaba parte el monasterio de San Juan de la Peña, reunido el 3 de mayo de 1682 en Barcelona, sancionó el traslado de la comunidad, que ese mismo año comenzó a habitar las nuevas dependencias monacales, quedando en las viejas edificaciones del monasterio dos monjes para atender a su cuidado y mantenimiento.

El plan del monasterio constaba de una plaza abierta por dos grandes alas, en el fon-

52. *Portada gótica de la capilla de San Victorián, construida entre 1426 y 1433.*

53. *Capilla de San Victorián. Sepulcro del abad Marqués, muerto el año 1437.*

54. *Capilla de San Voto. Talla barroca de San Benito. Siglo XVII.*

do de la cual se levantó la Iglesia. En el ala de la izquierda se encontraba la amplia casa del prior mayor del monasterio, hoy convertida en moderna hostería. Enfrente de ella se levantó la casa abacial, de la que se conserva la hermosa portada que abría la edificación a los amplios jardines que rodeaban la nueva edificación y a los que daban las celdas de los frailes.

La Iglesia es la pieza más interesante del nuevo emplazamiento del cenobio pinaten-

55. *Vista general del monasterio nuevo con el Pirineo al fondo.*

se. Fue colocada su primera piedra el 21 de octubre de 1693 y se bendijo, en solemne ceremonia oficiada por el abad de San Victorián, fray José Plácido Corona Guzmán, el 8 de octubre de 1705, ante la asistencia de toda la población de las villas y lugares de la comarca.

La portada, única parte en la que se empleó la piedra, fue realizada por el escultor Pedro Onofre Escol sobre un proyecto del pintor Francisco del Plano. Encima de las tres puertas de entrada se encuentran las estatuas de San Juan Bautista, en la central, y San Indalecio y San Benito, en las laterales. La sillería en nogal, realizada por el mismo Pedro Onofre, nos narra escenas de la vida de San Benito, fundador de la regla monástica seguida por los monjes pinatenses. El artista después de tallar firmó su obra en la segunda silla del conjunto.

Las tres naves y las seis capillas laterales, así como todo el conjunto monacal protegido por un muro rectangular de ladrillo, reforzado de trecho en trecho por cubos semicilíndricos, fue abandonado con ocasión de la desamortización de Mendizábal, en 1835.

EPILOGO AL MONASTERIO

El monasterio de San Juan de la Peña es el santuario aragonés en el que la historia se ha hecho piedra y recuerdo. Atalaya cons-

56. *Fachada del monasterio nuevo y hospedería, edificados entre 1693 y 1705.*

57. *Portada barroca de la iglesia del monasterio nuevo, con la imagen de San Juan Bautista.*

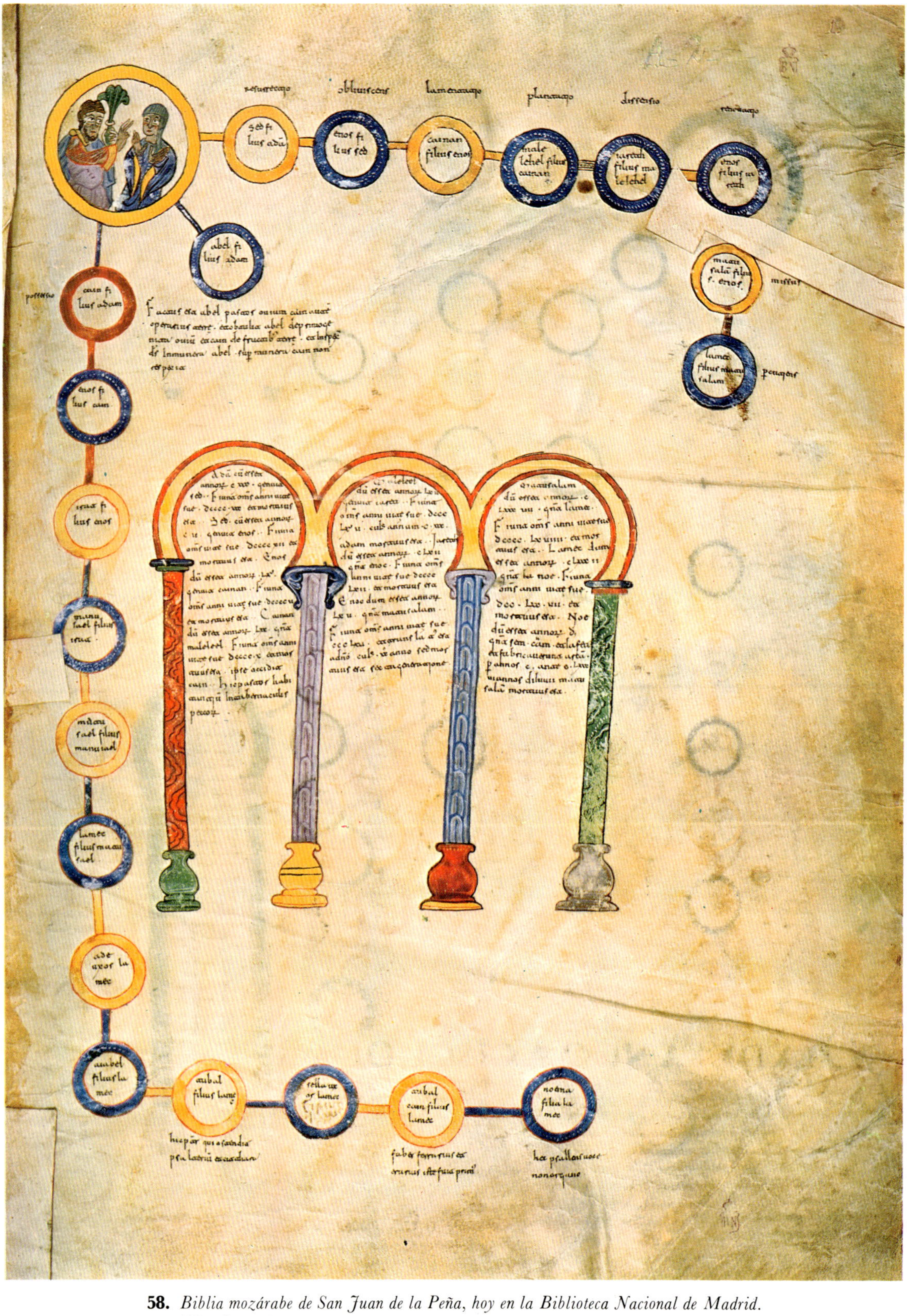

58. *Biblia mozárabe de San Juan de la Peña, hoy en la Biblioteca Nacional de Madrid.*
(Foto Oronoz.)

59. *Inicial de la Biblia mozárabe pinatense. (Foto Oronoz.)*

60. *Otra inicial de la Biblia mozárabe. (Foto Oronoz.)*

61. *Libro gótico de San Juan de la Peña, actualmente en la Biblioteca General Universitaria de Zaragoza. (Foto Jarke.)*

tante con el formado condado de Aragón que tomó y selló su nombre del río que lo regara, fue con los primeros reyes aragoneses el Real monasterio destinado a ser glorioso Panteón de los hombres que forjaron, en la tranquilidad de sus claustros o en la intimidad de su iglesia, el cotidiano crecer de ese reino montañés que llegó a crear la poderosa Corona de Aragón.

Sin embargo, aquí no sólo se hizo la historia sino que se escribió. Buen ejemplo de ello es la Crónica pinatense que fue una de las primeras historias de Aragón. Monjes, a través de toda su historia, se acercaron a su rico archivo monacal para copiar los documentos y privilegios del monasterio allí guardados. Así nació el Libro Gótico del monasterio (siglos XII-XV) que actualmente se custo-

HISTORIA DE LA FVNDACION, Y ANTIGVEDADES DE SAN IVAN DE LA PEÑA, Y DE LOS REYES DE SOBRARVE, ARAGON, Y Nauarra, que dieron principio a su Real casa, y procuraron sus acrecentamientos, hasta, que se vnió el Principado de Cataluña, con el Reyno de Aragon.

DIVIDIDA EN CINCO LIBROS.

Ordenada por su Abbad, Don Iuan Briz Martinez.

Dirigida a San Iuan Baptista en el cielo; y en la tierra a los Diputados del Reyno de Aragon.

Año 1620.

CON LICENCIA, Y PRIVILEGIO.

En Çaragoça, por IVAN DE LANAJA Y QVARTANET, Impressor del Reyno de Aragon, y de la Vniuersidad.

62. *Portada de la primera historia impresa del monasterio pinatense. (Foto Lorte.)*

dia en la Biblioteca General de la Universidad de Zaragoza. Los documentos del archivo se custodian en el Archivo Nacional, y en la Biblioteca Nacional de Madrid se conserva la valiosa Biblia de San Juan de la Peña, escrita en letra mozárabe e iluminada por preciosas miniaturas y primorosos medallones que encierran las figuras de los patriarcas cristianos.

Mención aparte merece el abad Briz Martínez que en 1620 escribió y publicó su voluminosa obra «Historia de la fundación y antigüedades de la Real Casa de San Juan de la Peña...», impresa en Zaragoza por el impresor del reino de Aragón y de la Universidad.

San Juan de la Peña, que como decía don Miguel de Unamuno, es «la boca de un mundo de peñascos espirituales revestidos de un bosque de leyenda, en el que los monjes benedictinos, medio ermitaños, medio guerreros, verían pasar el invierno, mientras pisoteaban la nieve jabalís de carne y hueso, salidos de los bosques, osos, lobos y otros animales salvajes» supone un glorioso hito en la historia de la Reconquista española.

BIBLIOGRAFIA

JUAN BRIZ MARTÍNEZ: «Historia de la fundación y antigüedades de San Juan de la Peña». Zaragoza, 1620.

ANGEL CANELLAS y ANGEL SAN VICENTE: «Aragón Roman», Ed. Zodiaque, año 1971.

«Crónica de San Juan de la Peña», editada por Ximénez de Embún, Zaragoza, 1876, y en 1961 por Antonio Ubieto Arteta en Valencia.

ANTONIO DURÁN GUDIOL: «Guía de la provincia de Huesca», Ed. EVEREST, León, 1968.

ANTONIO DURÁN GUDIOL: «Arte altoaragonés de los siglos X y XI». Sabiñánigo, 1973.

ANTONIO DURÁN GUDIOL: «Inscripciones medievales de la provincia de Huesca». En *Estudios de Edad Media de la Corona de Aragón*, vol. VIII. Zaragoza, 1967.

RICARDO DEL ARCO Y GARAY: «Catálogo monumental de la provincia de Huesca». Madrid, 1942.

FRANCISCO OLIVÁN BAILE: «Los monasterios de San Juan de la Peña y Santa Cruz de la Serós». Zaragoza, 1969.

ANTONIO UBIETO ARTETA: «Cartulario de San Juan de la Peña». Tomo I (Valencia, 1962) y Tomo II (Valencia, 1963).

INDICE